AF175353

Impressum
Verlag: BABADADA GmbH, Nedderfeld 112 , 22529 Hamburg
Geschäftsführer / Verlagsleitung: Harald Hof
Druck: Books on Demand GmbH, In de Tarpen 42, 22848 Norderstedt

Imprint
Publisher: BABADADA GmbH, Nedderfeld 112 , 22529 Hamburg, Germany
Managing Director / Publishing direction: Harald Hof
Print: Books on Demand GmbH, In de Tarpen 42, 22848 Norderstedt

école

sekolah

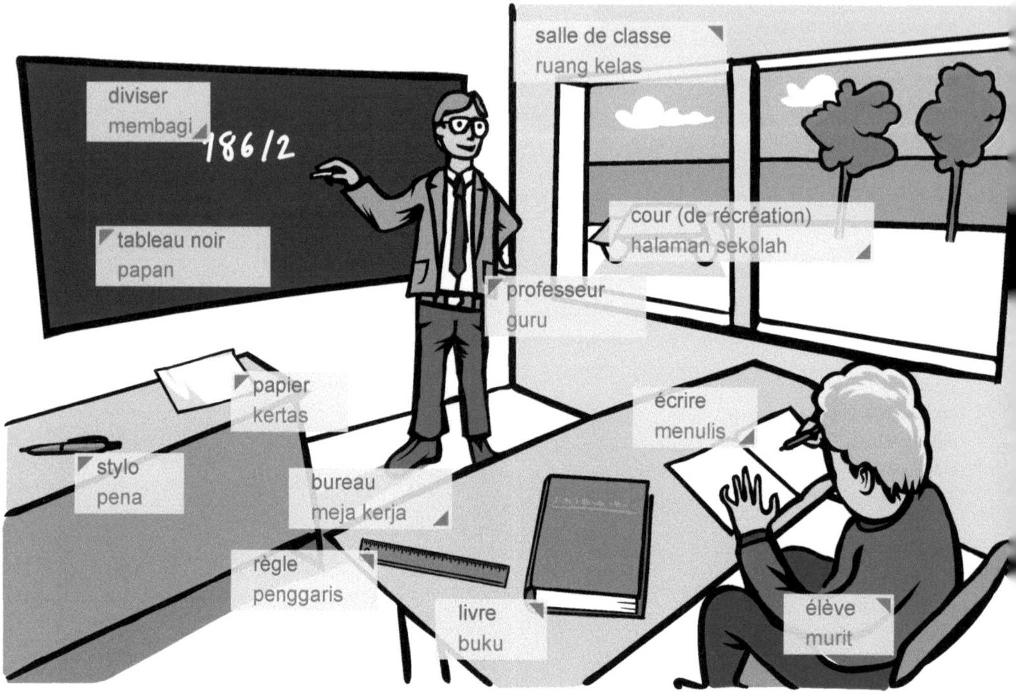

salle de classe
ruang kelas
diviser
membagi
186/2
tableau noir
papan
cour (de récréation)
halaman sekolah
professeur
guru
papier
kertas
écrire
menulis
stylo
pena
bureau
meja kerja
règle
penggaris
livre
buku
élève
murit

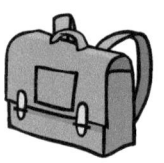

cartable

tas sekolah

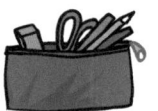

trousse

tempat pensil

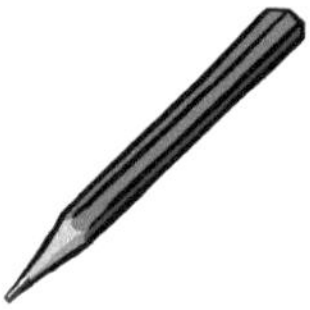

crayon

pensil

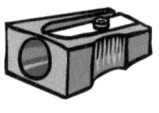

taille-crayon

pengasah pensil

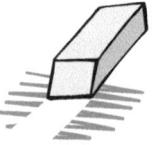

gomme

penghapus

carnet à dessin

kertas gambar

dessin

gambar

pinceau

kuas

boîte de peinture

kotak cat

ciseaux

gunting

colle

lem

cahier d'exercices

buku latihan

devoirs

pekerjaan rumah

chiffre

angka

additionner

tambhakan

soustraire

mengurangi

multiplier

mengalikan

calculer

menghitung

lettre

huruf

alphabet

alfabet

mot

kata

texte

teks

lire

membaca

craie

kapur

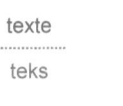

leçon

pelajaran

livre de classe

daftar

examen

ujian

certificat

sertifikat

uniforme scolaire

seragam sekolah

formation

pendidikan

lexique

ensiklopedi

université

universitas

microscope

mikroskop

carte

peta

corbeille à papier

tempat sampah

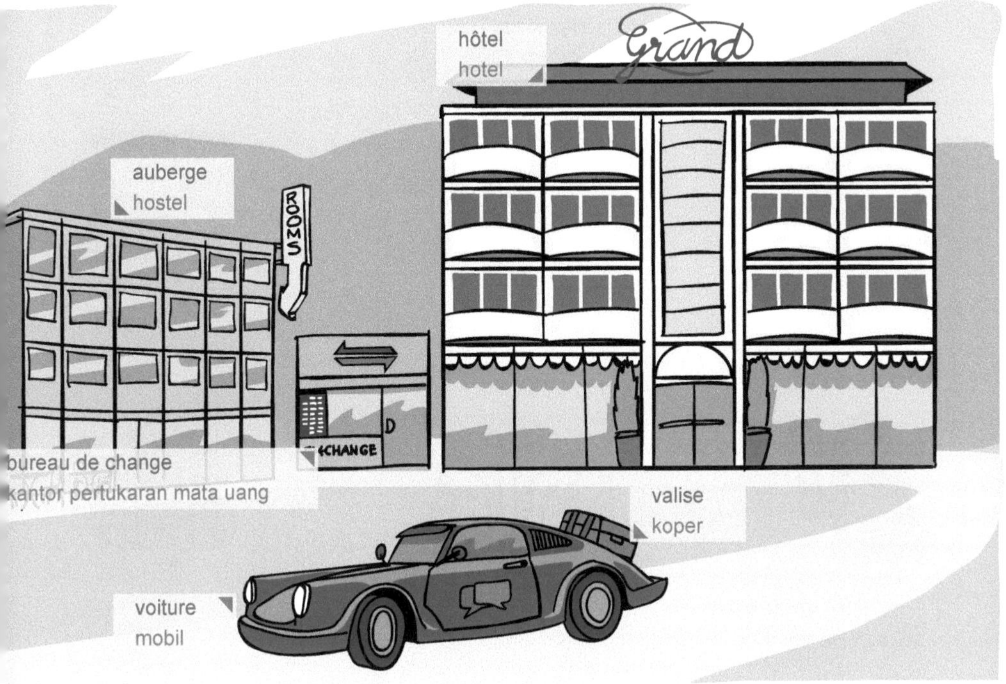

hôtel
hotel
Grand
auberge
hostel
ROOMS
bureau de change
kantor pertukaran mata uang
valise
koper
voiture
mobil

langue
bahasa

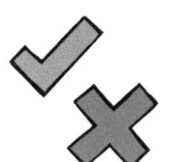

oui / non
ya / tidak

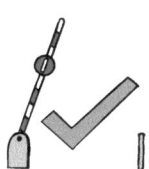

d'accord
okay

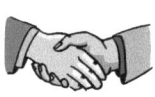

Salut
hallo

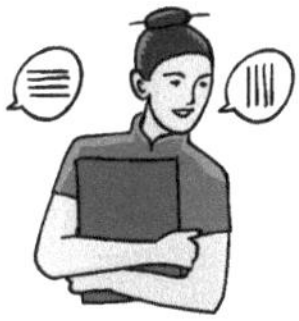

interprète
penerjemah

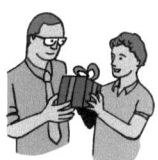

merci
terima kasih

Combien coûte...?

Berapa harganya...?

Je ne comprends pas

saya tidak mengerti

problème

masalah

Bonsoir !

Selamat malam!

Bonjour !

Selamat siang!

Bonne nuit !

Selamat tidur!

Au revoir

sampai jumpa

direction

arah

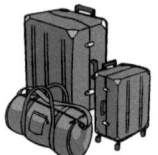

bagages

bagasi

sac

tas

sac-à-dos

ransel

hôte

tamu

pièce

ruang

sac de couchage

kantong tidur

tente

tenda

office de tourisme

informasi wisata

plage

pantai

carte de crédit

kartu kredit

petit-déjeuner

sarapan

déjeuner

makan siang

dîner

makan malam

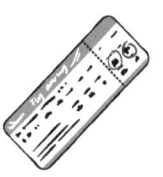

billet

tiket

ascenseur

elevator

timbre

perangko

frontière

perbatasan

douane

cukai

ambassade

kedutaan

visa

visa

passeport

paspor

transport
transportasi

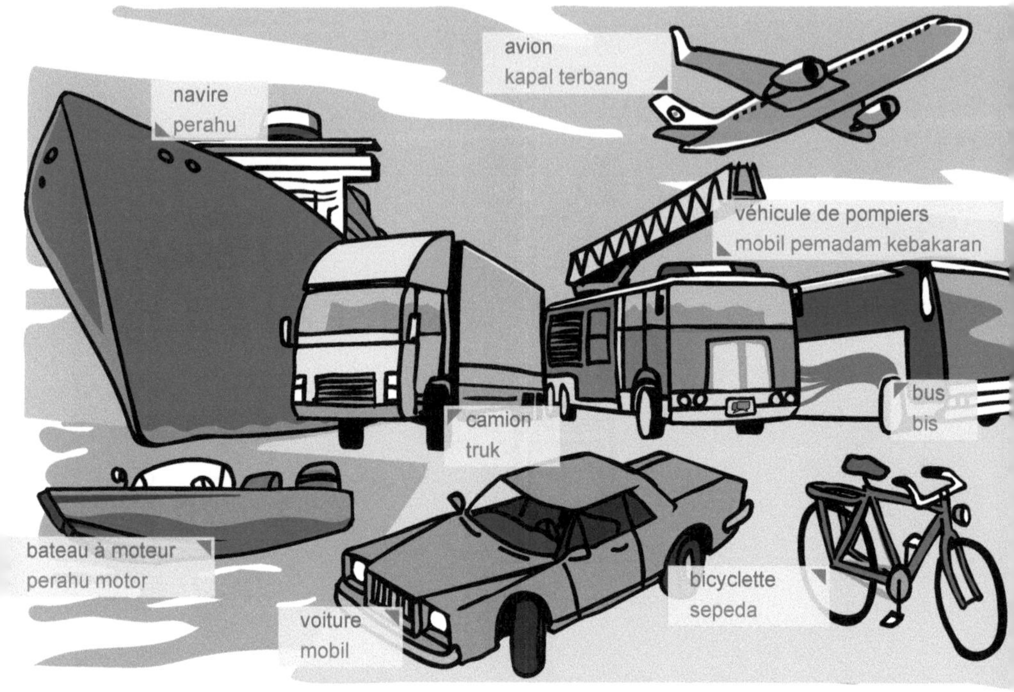
avion
kapal terbang
navire
perahu
véhicule de pompiers
mobil pemadam kebakaran
bus
bis
camion
truk
bateau à moteur
perahu motor
bicyclette
sepeda
voiture
mobil

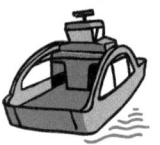

ferry

feri

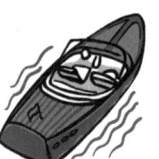

barque

perahu

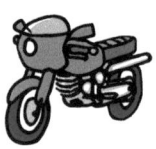

moto

sepeda motor

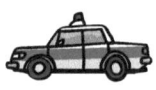

voiture de police

mobil polisi

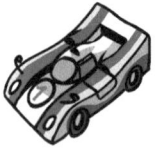

voiture de course

mobil balapan

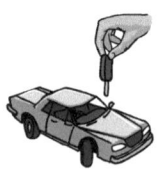

voiture de location

mobil sewa

auto-partage

berbagi mobil

voiture de remorquage

truk derek

benne à ordures

truk sampah

moteur

motor

essence

bahan bakar

station d'essence

bensin

panneau indicateur

tanda lalulintas

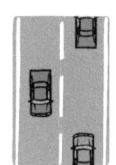

trafic

lalulintas

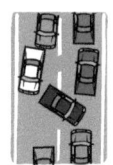

embouteillage

macet

parking

parkir mobil

gare

stasiun kereta

rails

trek

train

kereta api

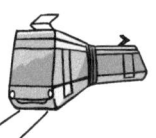

tramway

tram

wagon

gerobak

hélicoptère

helikopter

aéroport

bendara

tour

menara

passager

penumpang

conteneur

container

carton

karton

chariot

troli

corbeille

keranjang

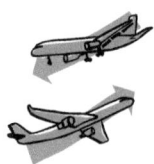

décoller / atterrir

berangkat / mendarat

ville

kota

village

desa

centre-ville

pusat kota

maison

rumah

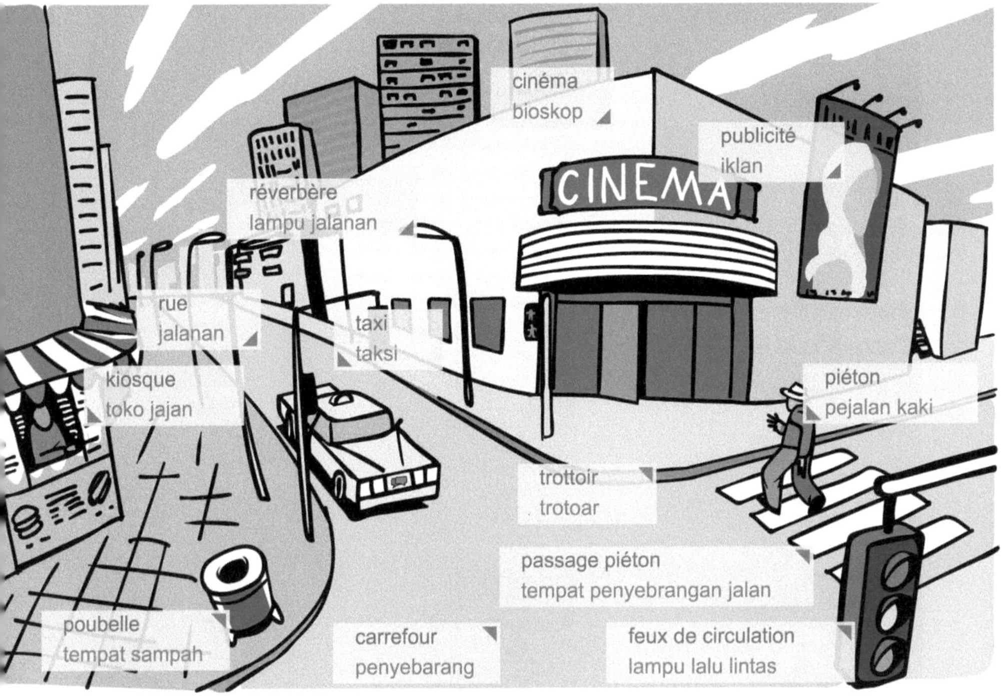

cinéma
bioskop

publicité
iklan

réverbère
lampu jalanan

CINEMA

rue
jalanan

taxi
taksi

kiosque
toko jajan

piéton
pejalan kaki

trottoir
trotoar

passage piéton
tempat penyebrangan jalan

poubelle
tempat sampah

carrefour
penyebarang

feux de circulation
lampu lalu lintas

cabane
gubuk

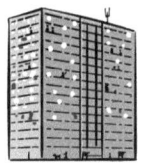

appartement
rumah flat

gare
stasiun kereta

mairie
balai kota

musée
museum

école
sekolah

université
universitas

banque
bank

hôpital
rumah sakit

hôtel
hotel

pharmacie
farmasi

bureau
kantor

librairie
toko buku

magasin
toko

fleuriste
toko bunga

supermarché
supermarket

marché
pasar

grand magasin
toko serba ada

poissonnerie
nelayan

centre commercial
pusat belanja

port
pelabuhan

parc
taman

banque
banku

pont
jembatan

escaliers
tangga

métro
kereta bawah tanah

tunnel
terowongan

arrêt de bus
pemberhantian bis

bar
bar

restaurant
restauran

boîte à lettres
kotak surat

panneau indicateur
tanda jalan

parcmètre
meteran parkir

zoo
kebun binatang

piscine
kolam renang

mosquée
mesjid

ferme

pertanian

pollution

polusi

cimetière

kuburan

église

gereja

aire de jeux

tempat bermain

temple

pura

paysage

pemandangan

feuille
daun

panneau indicateur
penunjuk arah

chemin
jalanan

pré
padang rumput

pierre
batu

randonneur
pejalak kaki

arbre
pohon

rivière
sungai

herbe
rumput

fleur
bunga

vallée

lembah

montagne

bukit

lac

danau

forêt

hutan

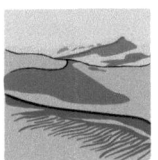

désert

padang gurun

volcan

gunung berapi

château

istana

arc-en-ciel

pelangi

champignon

jamur

palmier

pohon palem

moustique

nyamuk

mouche

lalat

fourmis

semut

abeille

lebah

araignée

laba-laba

coléoptère

kumbang

grenouille

kodok

écureuil

tupai

hérisson

landak

lièvre

kelinci

chouette

burung hantu

oiseau

burung

cygne

angsa

sanglier

babi jantan

cerf

rusa

élan

rusa

barrage

bendungan

éolienne

turbin angin

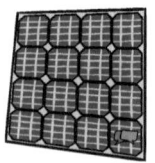

panneau solaire

panel surya

climat

iklim

restaurant
restauran

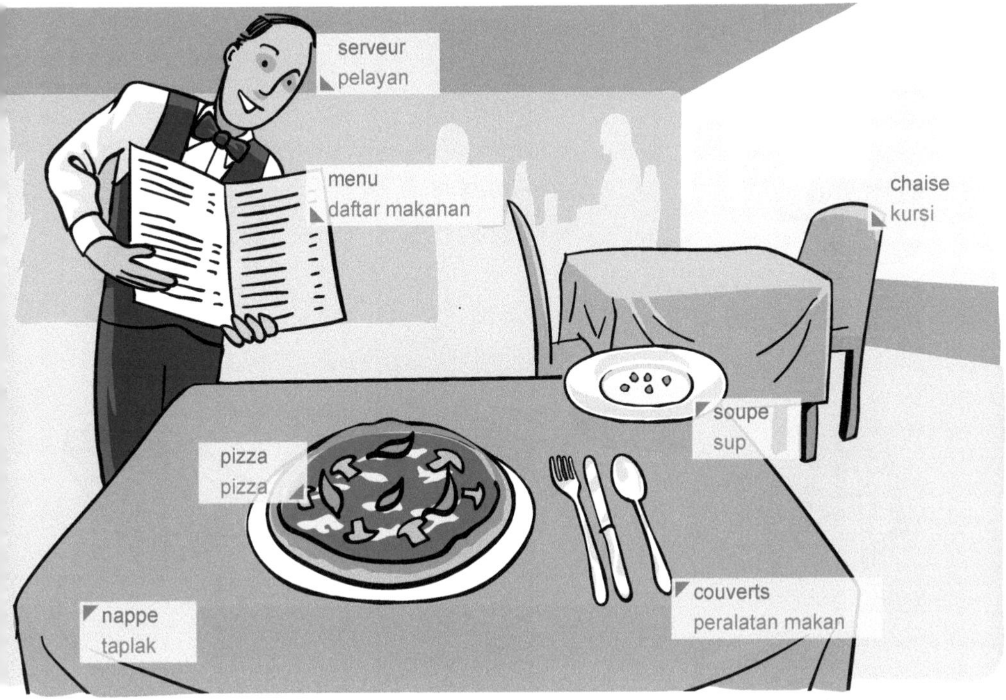
serveur
pelayan
menu
daftar makanan
chaise
kursi
soupe
sup
pizza
pizza
couverts
peralatan makan
nappe
taplak

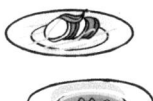

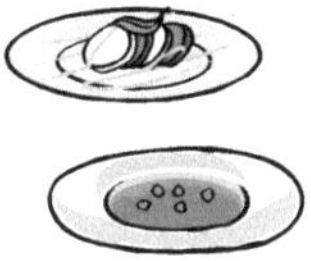

hors d'œuvre

hindangan pembuka

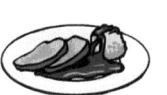

plat principal

hidangan utama

dessert

hidangan penutup

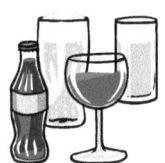

boissons

minuman

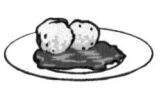

alimentation

makanan

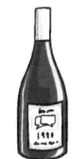

bouteille

botol

fast-food
fastfood

plats à emporter
masakan jalanan

théière
teko teh

sucrier
kaleng gula

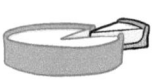

portion
porsi

machine à expresso
mesin espresso

chaise haute
kursi tinggi

facture
tagihan

plateau
baki

couteau
pisau

fourchette
garpu

cuillère
sendok

cuillère à thé
sendok teh

serviette
serbet

verre
gelas

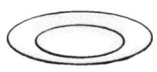

assiette

piring

assiette à soupe

piring sup

soucoupe

lepek

sauce

saus

salière

tempat garam

moulin à poivre

gilingan merica

vinaigre

cuka

huile

minyak

épices

bumbu

ketchup

saus tomat

moutarde

mustar

mayonnaise

mayones

supermarché

supermarket

offre promotionnelle
penawaran khusus
FOR
client
klien
produits laitiers
produk susu
fruits
buah
chariot
troli

BUTCHERS

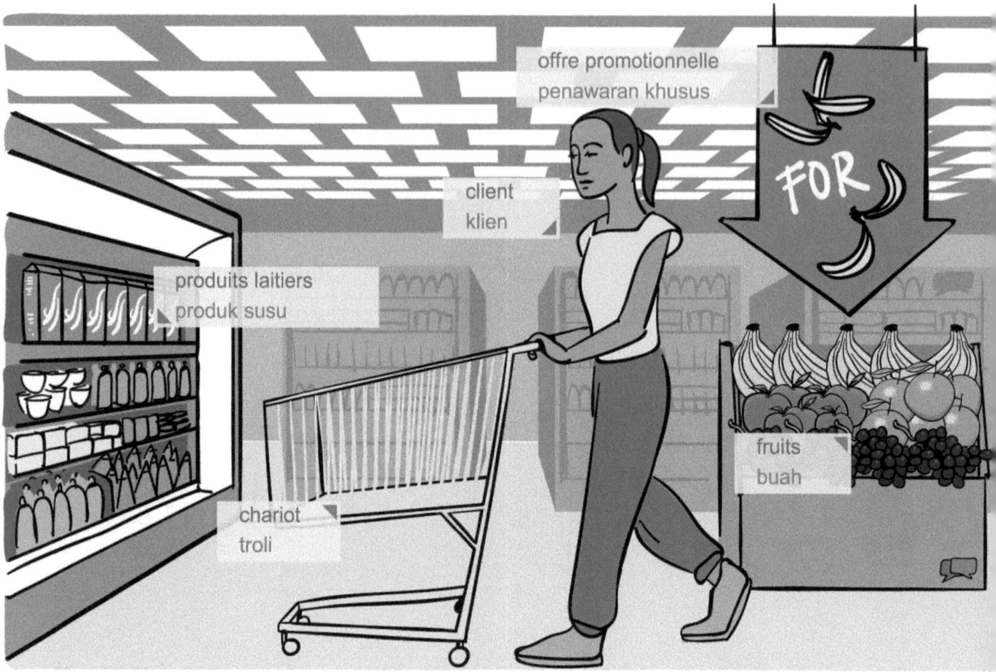

boucherie

pembantai

BAKERY

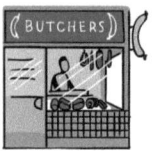

boulangerie

toko roti

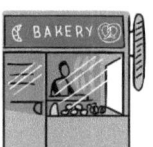

peser

menimbang

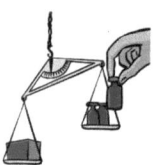

légumes

sayur

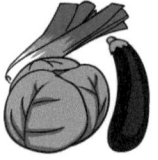

viande

daging

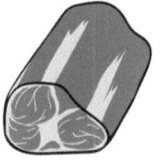

aliments surgelés

makanan beku

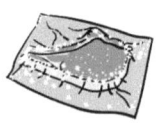

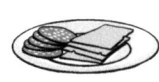

charcuterie

pemotongan dingin

conserves

makanan kaleng

poudre à lessive

sabun serbuk

bonbons

permen

articles ménagers

alat-alat rumah tangga

détergents

obat pembersihan

vendeuse

penjual

caisse

kasa

caissier

kasir

liste d'achats

daftar belanja

heures d'ouverture

jam buka

portefeuille

dompet

carte de crédit

kartu kredit

sac

tas

sac en plastique

kantong plastik

eau	jus de fruit	lait
air	jus	susu

coca	vin	bière
cola	anggur	bir

alcool	chocolat chaud	thé
alkohol	coklat	teh

café	expresso	cappuccino
kopi	espresso	cappucino

banane

pisang

pomme

apel

orange

jeruk

melon

semangka

citron

jeruk lemon

carotte

wortel

ail

bawang putih

bambou

bambu

oignon

bawang bombai

champignon

jamur

noisettes

kacang

pâtes

mi

spaghetti

spagetti

riz

nasi

salade

salat

pommes frites

kentang goreng

pommes de terre rôties

kentang goreng

pizza

pizza

hamburger

hamburger

sandwich

sandwich

escalope

sayatan

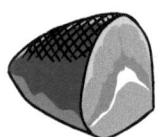

jambon

ham

salami

salami

saucisse

sosis

poulet

ayam

rôti

menggoreng

poisson

ikan

flocons d'avoine

bubur gandum

muesli

sereal

cornflakes

cornflakes

farine

tepung

croissant

croissant

petits-pains

roti

pain

roti

pain grillé

toast

biscuits

biskuit

beurre

mentega

le fromage blanc

dadih

gâteau

kue

œuf

telur

œuf au plat

telur goreng

fromage

keju

glace
eskrim

sucre
gula

miel
madu

confiture
selai

crème nougat
krim nugat

curry
kare

ferme
pertanian

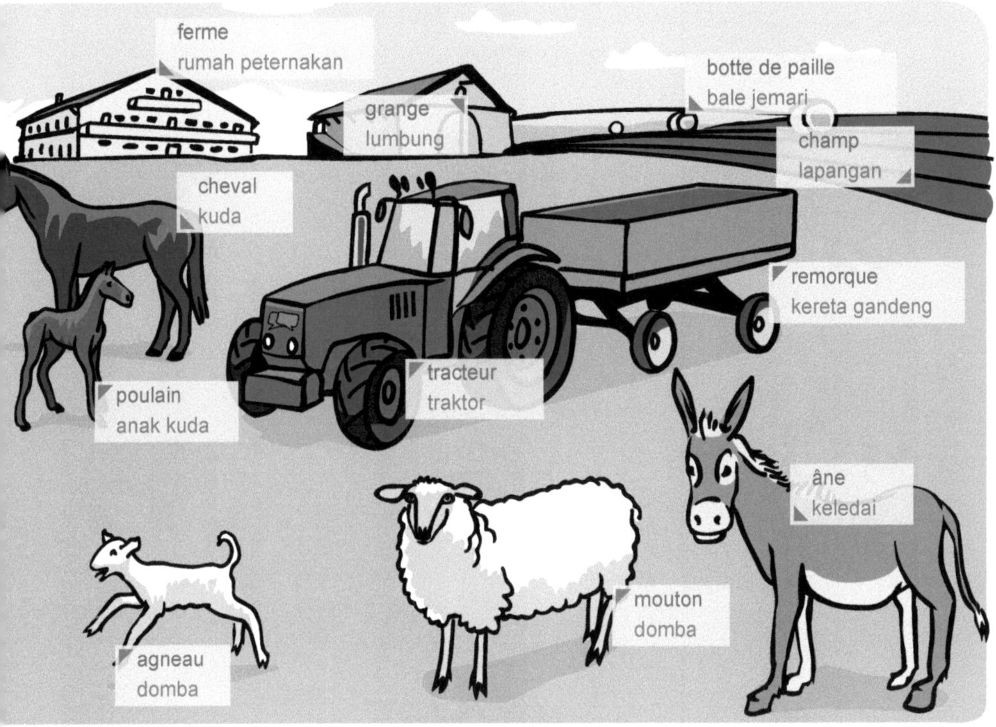

ferme
rumah peternakan
grange
lumbung
botte de paille
bale jemari
champ
lapangan
cheval
kuda
remorque
kereta gandeng
tracteur
traktor
poulain
anak kuda
âne
keledai
mouton
domba
agneau
domba

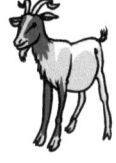

chèvre

kambing

vache

sapi

veau

betis

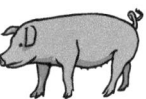

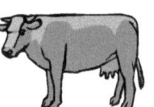

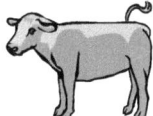

porc

babi

porcelet

celeng

taureau

banteng

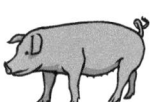

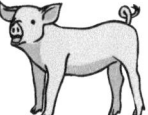

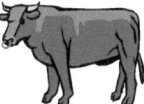

oie

angsa

canard

bebek

poussin

anak ayam

poule

ayam

coq

ayam jantan

rat

tikus

chat

kucing

souris

tikus

bœuf

lembu

chien

anjing

chenil

rumah anjing

tuyau de jardin

selang

arrosoir

penyiram

faucheuse

sabit

charrue

bajak

faucille

sabit

pioche

cangkul

fourche

garpu rumput

hache

kapak

brouette

gerobak

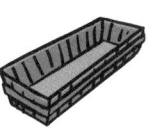

cuve

palung

pot à lait

kaleng susu

sac

karung

clôture

pagar

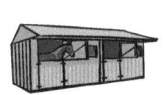

étable

kandang

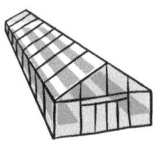

serre

rumah kaca

sol

tanah

semences

benih

engrais

pupuk

moissonneuse-batteuse

mesin pemanen

récolter

panen

récolte

panen

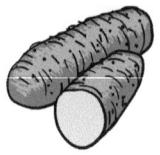

igname

yams

blé

gandum

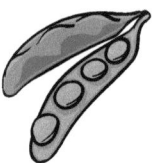

soja

kedelai

pomme de terre

kentang

maïs

jagung

colza

lobak

arbre fruitier

pohon buah

manioc

singkong

céréales

sereal

maison
rumah

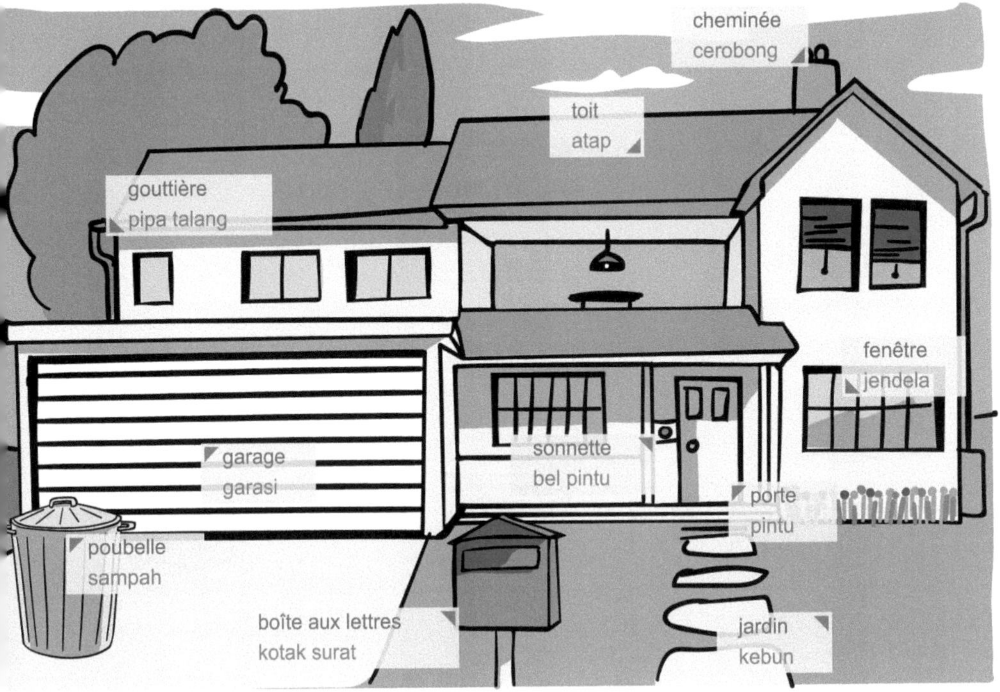
cheminée
cerobong
toit
atap
gouttière
pipa talang
fenêtre
jendela
sonnette
bel pintu
garage
garasi
porte
pintu
poubelle
sampah
boîte aux lettres
kotak surat
jardin
kebun

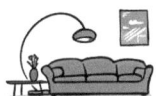

salon

ruang tamu

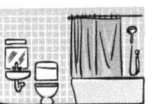

salle de bain

kamar mandi

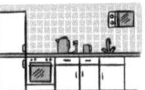

cuisine

dapur

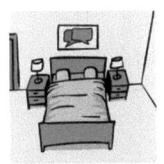

chambre à coucher

kamar tidur

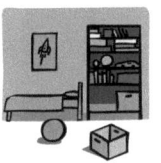

chambre d'enfant

kamar anak

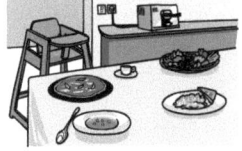

salle à manger

kamar makan

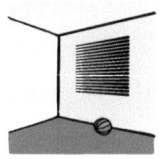

sol

lantai

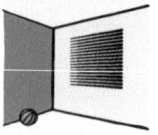

mur

tembok

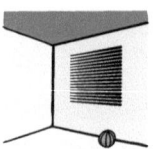

plafond

atap

cave

gudang di bawah tanah

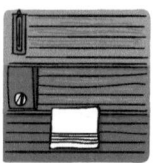

sauna

sauna

balcon

balkon

terrasse

teras

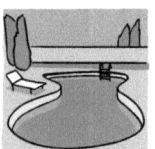

piscine

kolam renang

tondeuse à gazon

mesin pemotong rumput

housse

sprei

couette

selimut

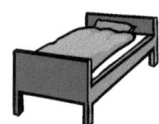

lit

tempat tidur

balai

sapu

sceau

ember

interrupteur

tombol

salon
ruang tamu

papier peint
kertas dinding
image
gambar
étagère
rak
lampe
lampu
armoire
kabinet
télé
televisi
cheminée
perapian
fleur
bunga
coussin
bantal
sofa
sofa
vase
vas
télécommande
remote control

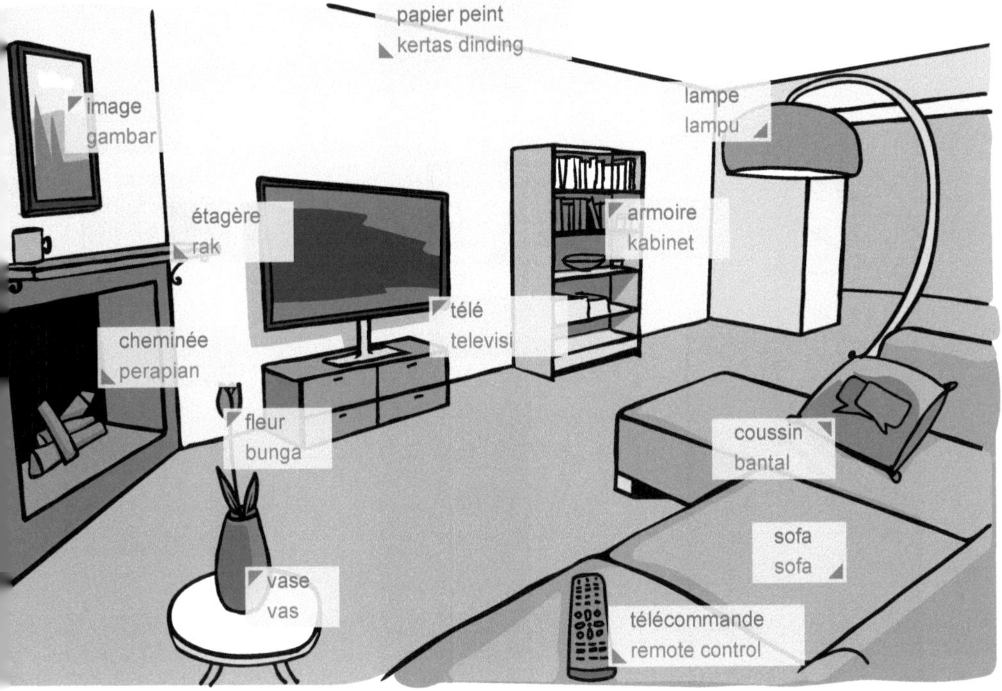

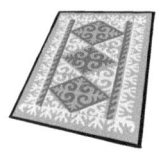

tapis

karpet

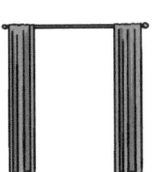

rideau

korden

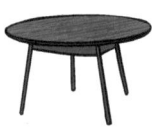

table

meja

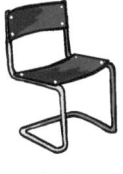

chaise

kursi

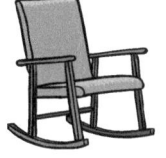

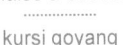

chaise à bascule

kursi goyang

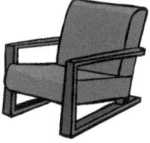

fauteuil

kursi malas

livre

buku

couverture

selimut

décoration

dekorasi

bois de chauffage

kayu bakar

film

filem

chaîne hi-fi

hi-fi

clé

kunci

journal

koran

peinture

lukisan

poster

poster

radio

radio

bloc-notes

buku tulis

aspirateur

penyedot debu

cactus

kaktus

bougie

lilin

salon - ruang tamu

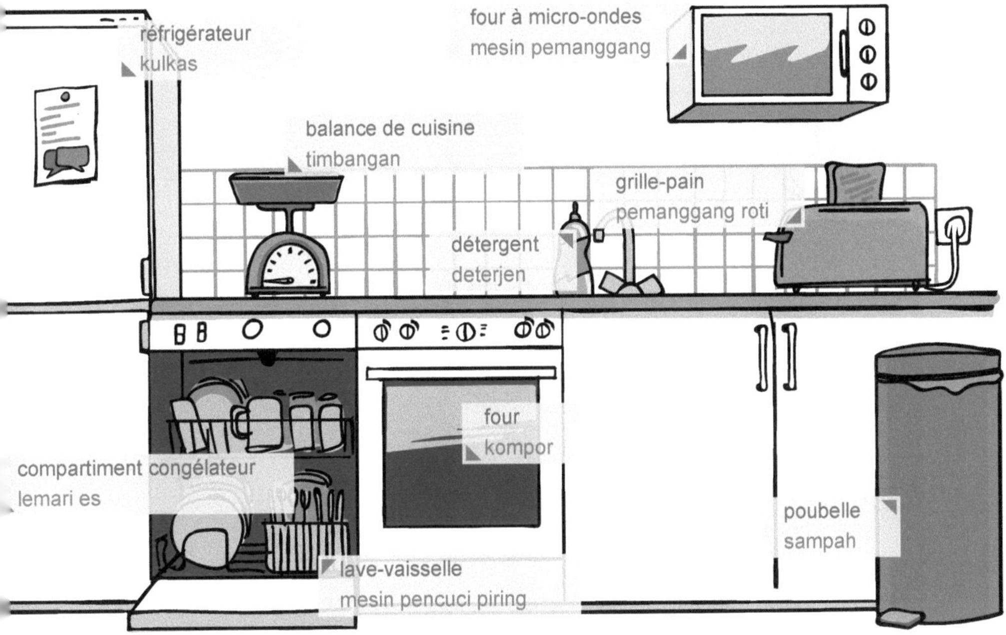

four à micro-ondes
mesin pemanggang

réfrigérateur
kulkas

balance de cuisine
timbangan

grille-pain
pemanggang roti

détergent
deterjen

four
kompor

compartiment congélateur
lemari es

poubelle
sampah

lave-vaisselle
mesin pencuci piring

four
kompor

casserole
panci

marmite
panci besi

wok / kadai
wajan

poêle
panci

bouilloire electrique
pemanas air

cuiseur vapeur

panci pengukus makanan

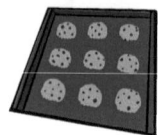

plaque de cuisson

nampan

vaisselle

piring

gobelet

cangkir

coupe

mangkok

baguettes

sumpit

louche

sendok sup

spatule

sudip

fouet

mengocok

passoire

saringan

tamis

saringan

râpe

parutan

mortier

mortir

barbecue

barbeque

cheminée

api terbuka

planche à découper

papan memotong

rouleau à pâtisserie

gilingan

tire-bouchon

alat pembuka botol

boîte

kaleng

ouvre-boîte

pembuka kaleng

maniques

pegangan panci

lavabo

wastafel

brosse

sikat

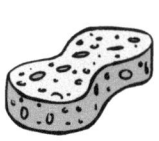

éponge

busa

mixeur

mesin pencampur

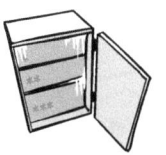

congélateur

lemari es

biberon

botol bayi

robinet

keran

salle de bain
kamar mandi

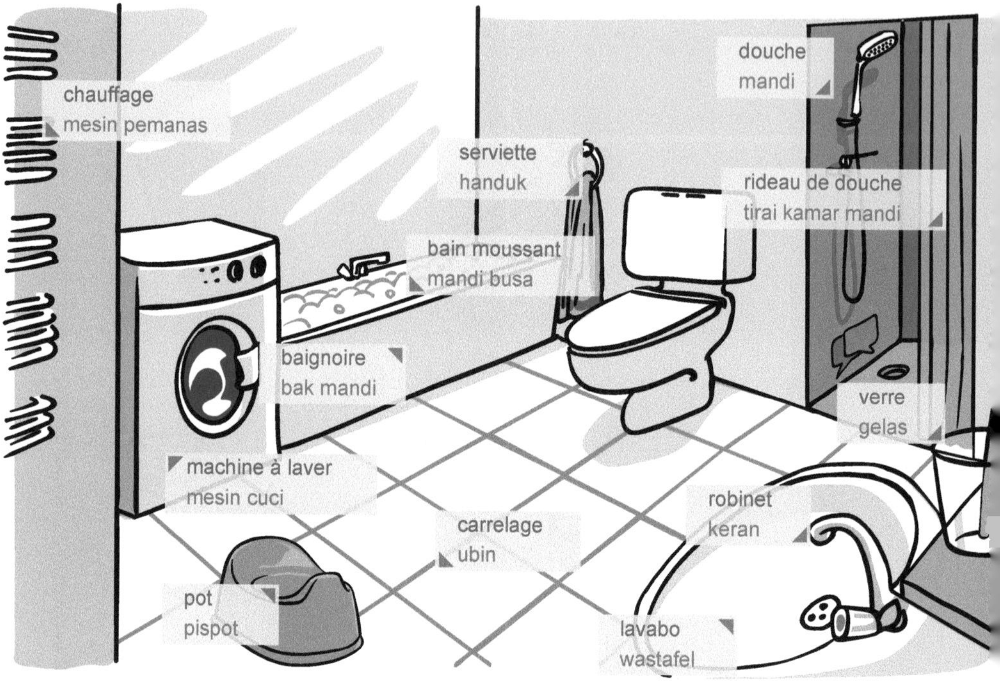

chauffage
mesin pemanas
serviette
handuk
douche
mandi
rideau de douche
tirai kamar mandi
bain moussant
mandi busa
baignoire
bak mandi
verre
gelas
machine à laver
mesin cuci
robinet
keran
carrelage
ubin
pot
pispot
lavabo
wastafel

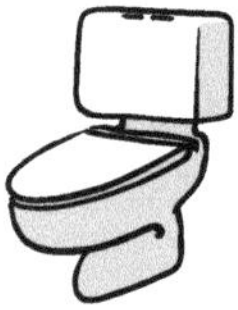

toilettes
toilet

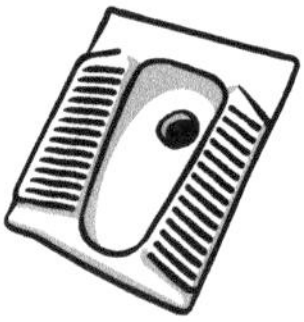

toilette à la turque
toilet jongkok

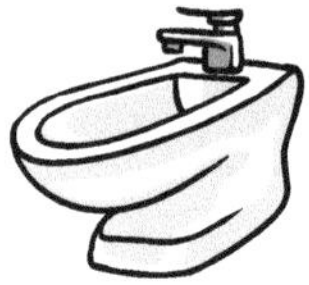

bidet
bidet

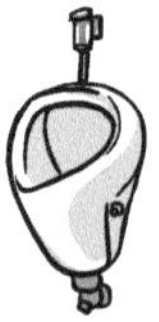

urinoir
pissoir

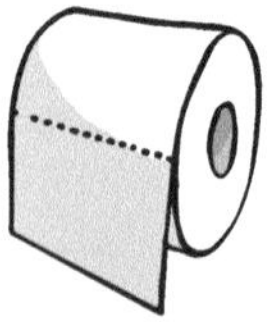

papier toilette
kertas toilet

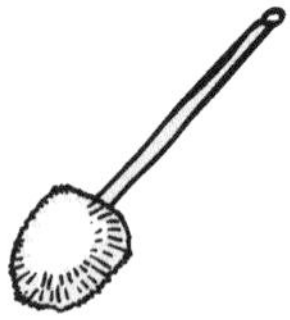

brosse à toilette
sikat toilet

brosse à dents

sikat gigi

dentifrice

pasta gigi

fil dentaire

benang gigi

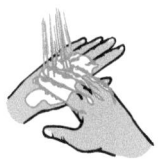

laver

menyuci

douche manuelle

pancuran tangan

douche intime

pancuran

vasque

bak

brosse dorsale

sikat punggung

savon

sabun

gel douche

gel mandi

shampooing

sampo

gant de toilette

planel

écoulement

kuras

crème

krim

déodorant

deodoran

miroir

kaca

miroir cosmétique

cermin tangan

rasoir

pisau cukur

mousse à raser

busa cukur

après-rasage

aftershave

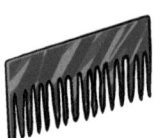

peigne

sisir

brosse

sikat

sèche-cheveux

alat pengering rambut

laque pour cheveux

semprot rambut

fond de teint

makeup

rouge à lèvres

lipstik

vernis à ongles

cat kuku

ouate

kapas

coupe-ongles

gunting kuku

parfum

minyak wangi

trousse de toilette
kantong pencuci

tabouret
bangku

pèse-personne
timbangan

peignoir
mantel mandi

gants de nettoyage
sarung tangan karet

tampon
tampon

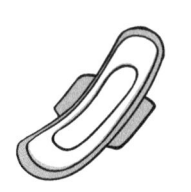

serviettes hygiéniques
handuk pembalut

toilette chimique
toilet kimia

chambre d'enfant

kamar anak

réveil
jam alarm
doudou
boneka tidur
voiture jouet
mobil-mobilan
hochet
kelintung
maison de poupée
rumah boneka
cadeau
kado

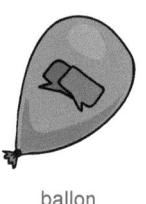

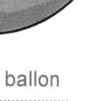

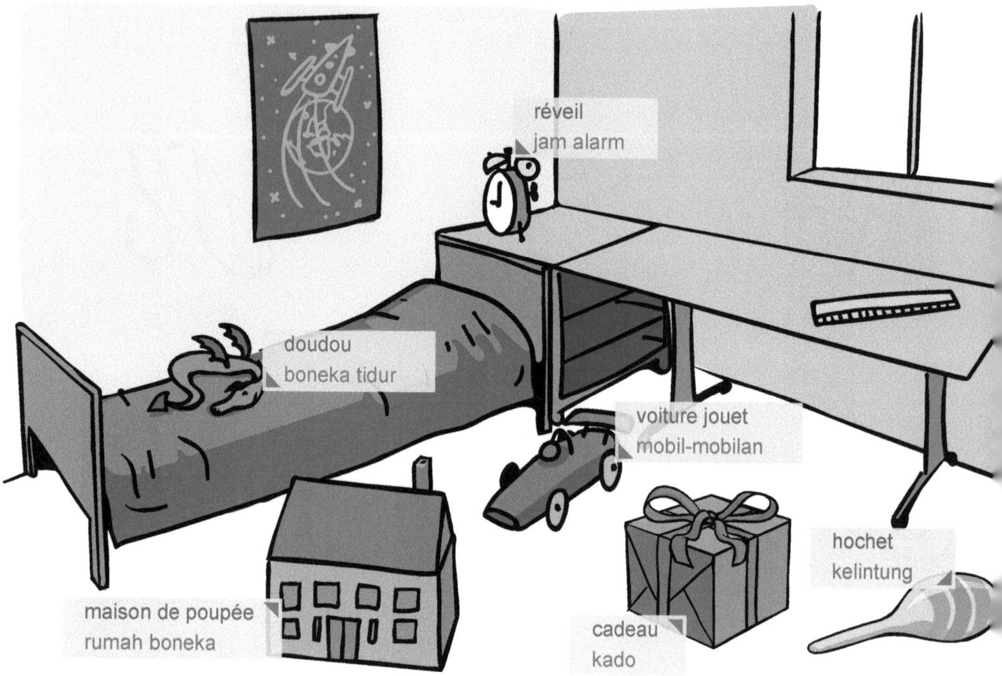

ballon

balon

lit

tempat tidur

poussette

kereta bayi

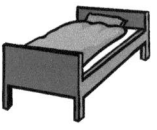

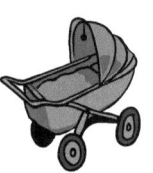

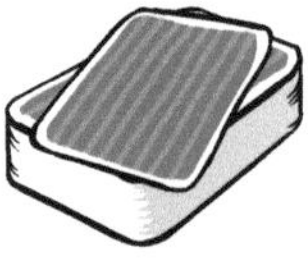

jeu de cartes

mainan kartu

puzzle

teka-teki

SUPER
MEGA

bande dessinée

komik

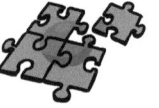

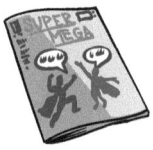

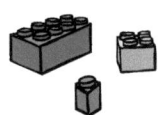

pièces lego
mainan lego

blocs de construction
blok mainan

figurine
figur aksi

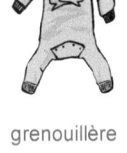

grenouillère
baju monyet

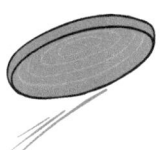

frisbee
frisbee

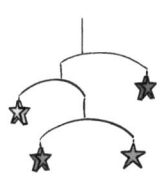

mobile
mobile

jeu de société
permainan papan

dé
dadu

train miniature
set model kreta api

sucette
dot

fête
pesta

livre d'images
buku gambar

balle
bola

poupée
boneka

jouer
bermain

bac à sable

tempat main pasir

balançoire

ayunan

jouets

mainan

console de jeu

video game konsol

tricycle

sepeda roda tiga

ours en peluche

teddy

armoire

lemari pakaian

vêtements

pakaian

chaussettes

kaos kaki

bas

kaos kaki

collant

baju ketat

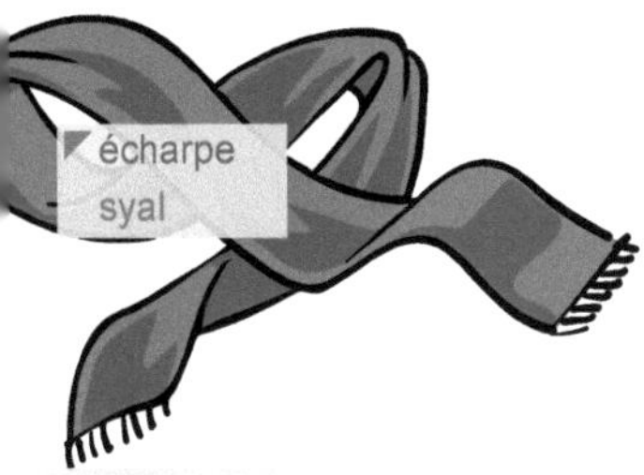

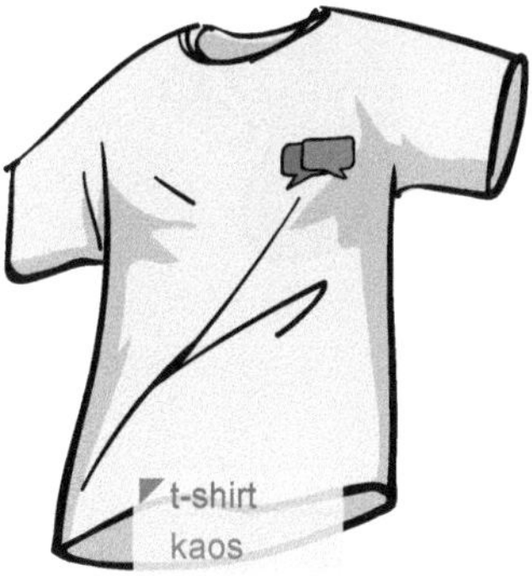

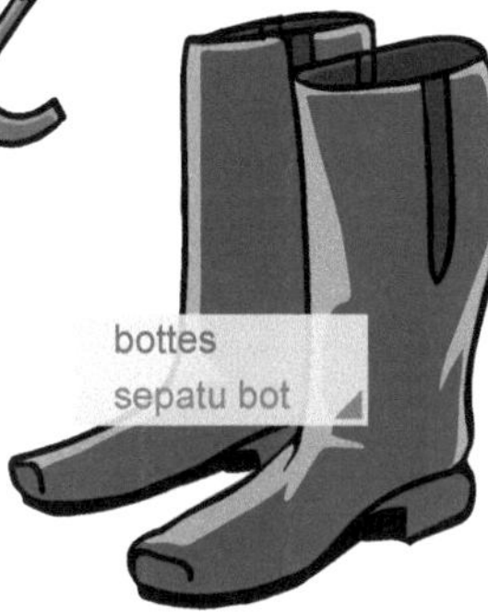

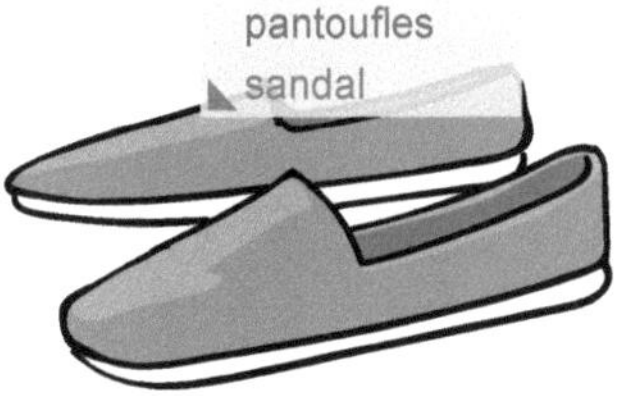

écharpe
syal

ceinture
sabuk

parapluie
payung

t-shirt
kaos

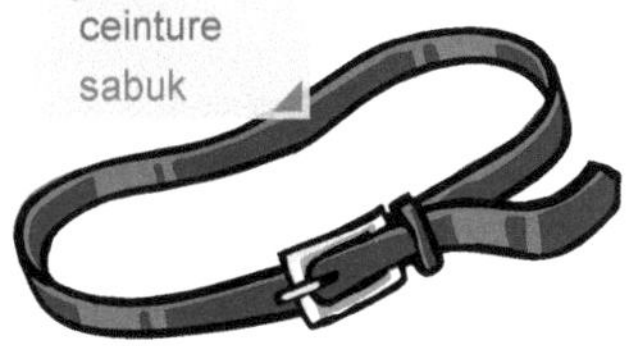

bottes
sepatu bot

pantoufles
sandal

baskets
sepatu

sandales
sandal

chaussures
sepatu

bottes de caoutchouc
sepatu bot karet

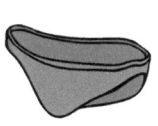

sous-vêtements
celana dalam

soutien-gorge
BH

maillot de corps
baju rompi

body
body

pantalon
celana

jean
jeans

jupe
rok

chemisier
blus

chemise
kemeja

pull
aket berkerudung

sweat à capuche
sweater

veste
jaket

veste
jaket

manteau
mantel

imperméable
jas hujan

costume
kostum

robe
gaun

robe de mariée
gaun pengantin

costume

setelan resmi

chemise de nuit

gaun tidur

pyjama

piyama

sari

sari

foulard

jilbab

turban

turban

burqa

burka

caftan

kaftan

abaya

abaya

maillot de bain

pakaian renang

maillot de bain

celana renang

short

celana pendek

tenue d'entraînement

olah raga

tablier

celemek

gants

sarung tangan

bouton

kancing

lunettes

kacamata

bracelet

gelang

collier

kalung

bague

cincin

boucle d'oreille

anting

bonnet

topi

cintre

gantungan mantel

chapeau

topi

cravate

dasi

fermeture éclair

ritsleting

casque

helm

bretelles

tali selempang

uniforme scolaire

seragam sekolah

uniforme

seragam

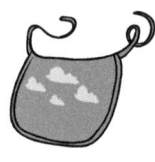

bavoir

oto

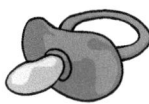

sucette

dot

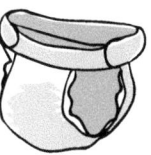

lange

popok

bureau
kantor

serveur
server
armoire d'archivage
lemari arsip
imprimante
pencetak
papier
kertas
écran
layar
souris
mouse komputer
bureau
meja kerja
classeur
tempat pengarsipan
clavier
papan tombol
corbeille à papier
tempat sampah
ordinateur
computer
chaise
kursi

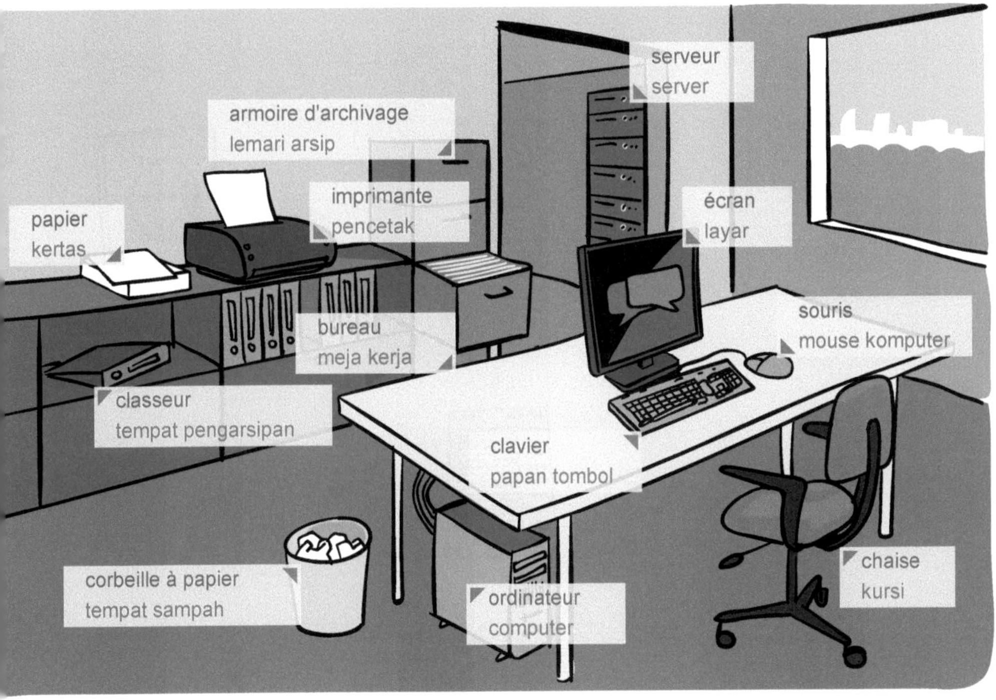

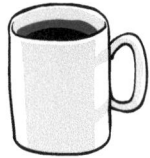

tasse de café

cangkir kopi

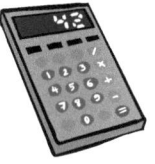

calculatrice

kalkulator

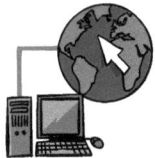

internet

internet

ordinateur portable

laptop

lettre

surat

message

pesan

portable

telepon seluler

réseau

jaringan

photocopieuse

fotokopi

logiciel

software

téléphone

telepon

prise

plug soket

fax

mesin fax

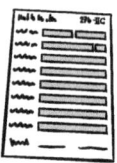

formulaire

formulir

document

dokumen

acheter

membeli

payer

membayar

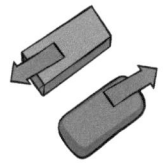

faire du commerce

berdagang

monnaie

uang

USD

dollar

Dollar

EUR

euro

Euro

JPY

yen

Yen

RUB

rouble

Rubel

CHF

franc suisse

Franc Swiss

CNY

renminbi yuan

Renminbi Yuan

INR

roupie

Rupiah

distributeur automatique

ATM

bureau de change

kantor pertukaran mata uang

or

emas

argent

perak

pétrole

minyak

énergie

energi

prix

harga

contrat

kontrak

taxe

pajak

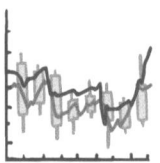

action

saham

travailler

bekerja

employé

karyawan

employeur

majikan

usine

pabrik

magasin

toko

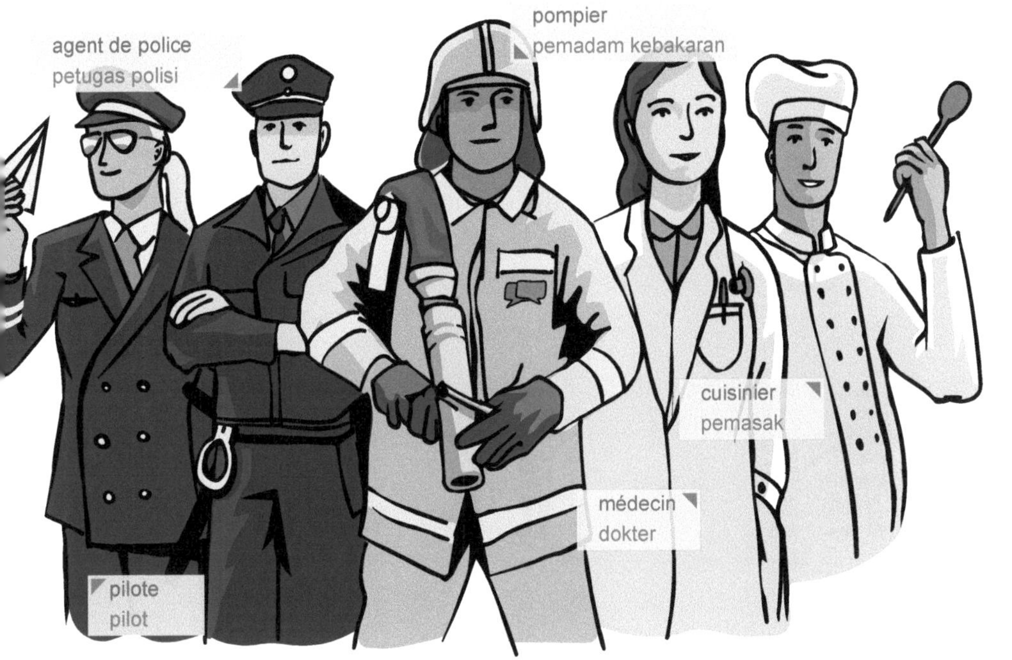

agent de police
petugas polisi

pompier
pemadam kebakaran

cuisinier
pemasak

médecin
dokter

pilote
pilot

jardinier
tukan kebun

menuisier
tukang kayu

couturière
penjahit wanita

juge
hakim

chimiste
ahli kimia

acteur
aktor

conducteur de bus

sopir bis

chauffeur de taxi

sopir taksi

pêcheur

nelayan

femme de ménage

pembantu

couvreur

tukang atap

serveur

pelayan

chasseur

pemburu

peintre

pelukis

boulanger

tukang roti

électricien

tukang listrik

ouvrier

pembangun

ingénieur

insinyur

boucher

tukang daging

plombier

tukang ledeng

facteur

tukang pos

professions - pekerjaan

soldat

tentara

architecte

arsitek

caissier

kasir

fleuriste

penjual bunga

coiffeur

penata rambut

contrôleur

konduktor

mécanicien

montir

capitaine

kapten

dentiste

dokter gigi

scientifique

ilmuwan

rabbin

rabbi

imam

imam

moine

biarawan

prêtre

pendeta

outils
alat

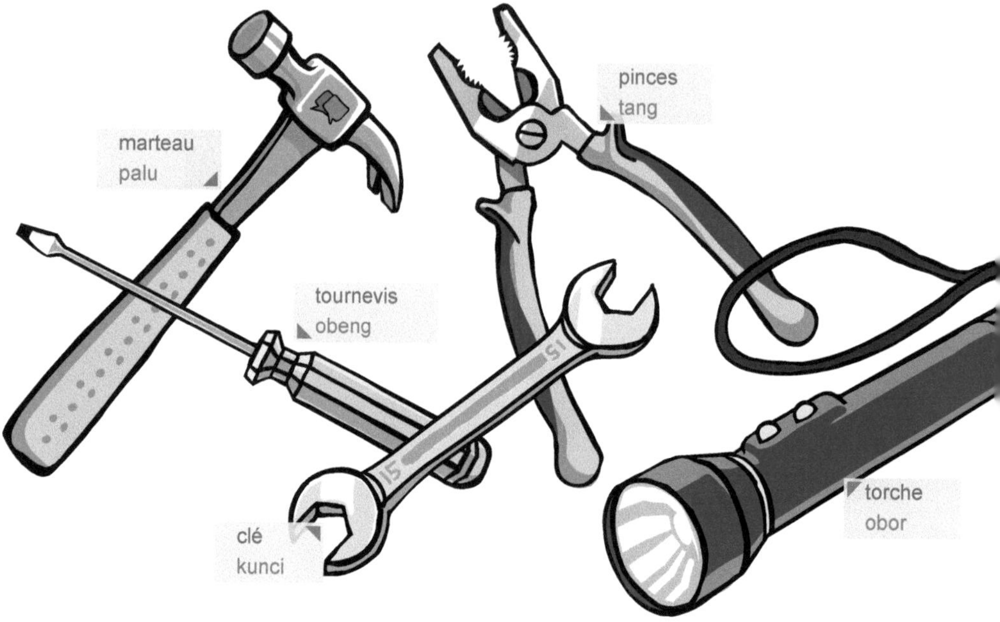

marteau
palu
pinces
tang
tournevis
obeng
clé
kunci
torche
obor

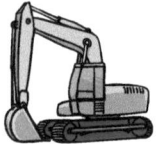

pelleteuse
penggali

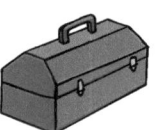

boîte à outils
tas perkakas

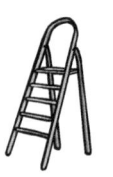

échelle
tangga

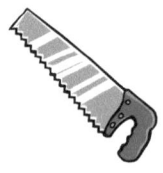

scie
gergaji

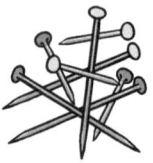

clous
paku

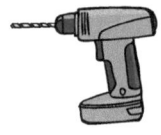

perceuse
bor

réparer
perbaikan

pelle
sekop

Mince !
Sialan!

pelle
cikrak

pot de peinture
pot cat

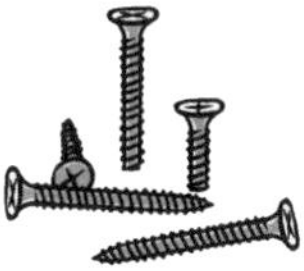

vis
sekrup

instruments de musique
alat musik

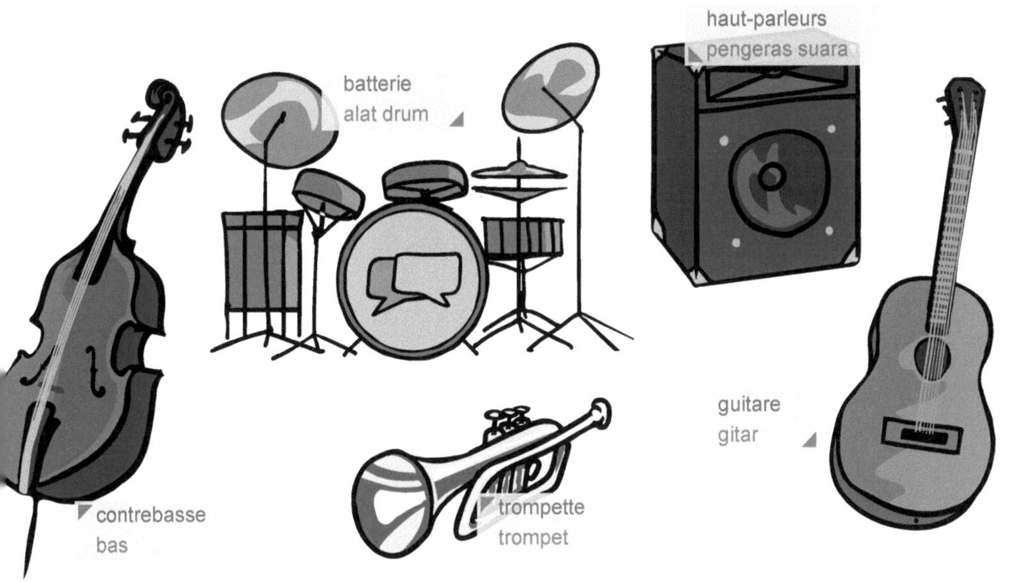

batterie
alat drum

haut-parleurs
pengeras suara

guitare
gitar

contrebasse
bas

trompette
trompet

piano

piano

violon

violin

basse

bass

timbales

tambur

tambour

drum

piano électrique

keyboard

saxophone

saksofon

flûte

suling

microphone

mikrofon

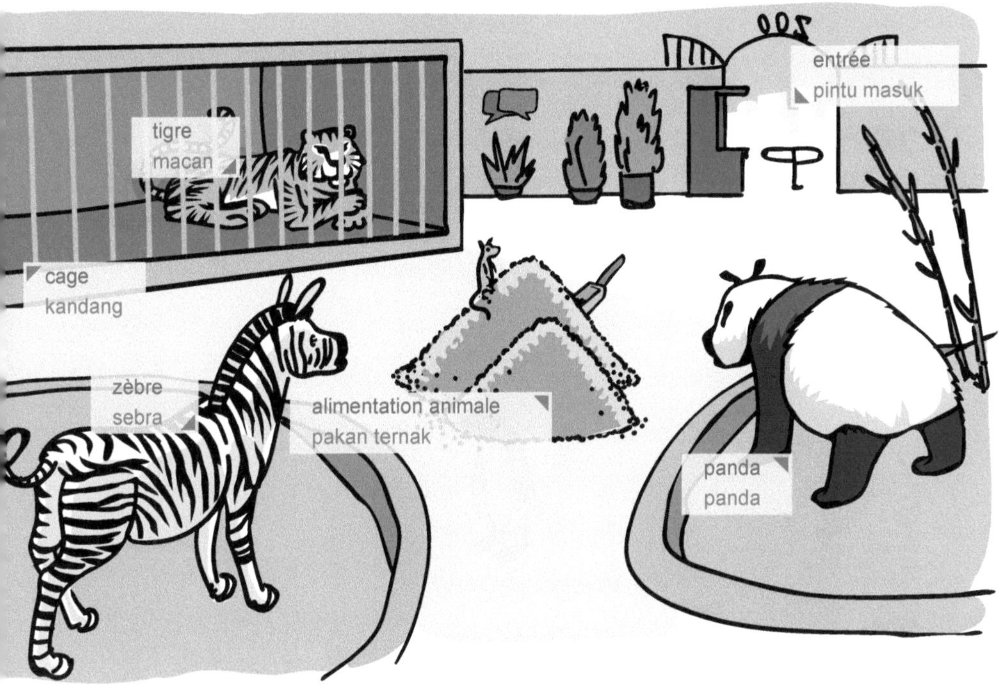

entrée
pintu masuk

tigre
macan

cage
kandang

zèbre
sebra

alimentation animale
pakan ternak

panda
panda

animaux

hewan

éléphant

gajah

kangourou

kanguru

rhinocéros

badak

gorille

gorila

ours

beruang

chameau

unta

autruche

burung unta

lion

singa

singe

monyet

flamand rose

flamingo

perroquet

burung beo

ours polaire

beruang polar

pingouin

penguin

requin

hiu

paon

merak

serpent

ular

crocodile

buaya

gardien de zoo

penjaga kebun binatang

phoque

segel

jaguar

jaguar

zoo - kebun binatang

poney

kuda poni

léopard

macan tutul

hippopotame

kuda nil

girafe

jerapah

aigle

burung elang

sanglier

babi jantan

poisson

ikan

tortue

kura-kura

morse

anjing laut

renard

rubah

gazelle

kijang

american Football
american football

cyclisme
naik sepeda

tennis
tennis

basket-ball
basketbal

natation
bernang

hockey sur glace
hoki es

boxe
tinju

football
sepak bola

badminton
badminton

athlétisme
atletik

handball
bola tangan

ski
main ski

polo
polo

activités
aktivitas

rire
ketawa
sauter
meloncat
embrasser
memeluk
marcher
berjalan
chanter
menyanyi
rêver
mengimpi
prier
berdoa
faire la bise
mencium

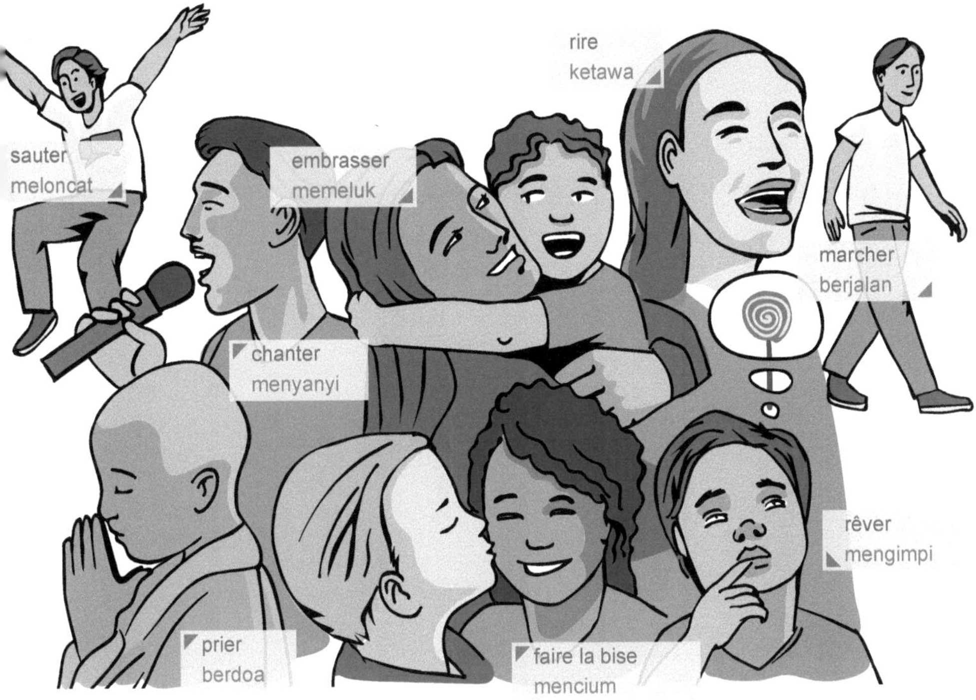

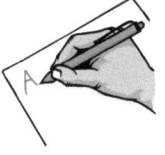

écrire

menulis

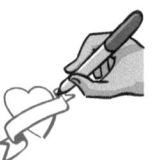

dessiner

melukis

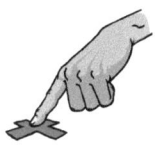

montrer

menunjuk

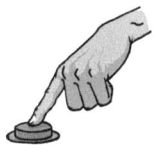

pousser

mendorong

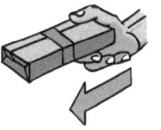

donner

memberikan

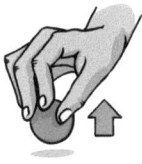

prendre

mengambil

avoir
mempunyai

faire
melakukan

être
adalah

être debout
berdiri

courir
berlari

trier
menarik

jeter
melempar

tomber
jatuh

être couché
tidur

attendre
menunggu

porter
membawa

être assis
duduk

s'habiller
berpakaian

dormir
tidur

se réveiller
bangun

regarder
....
melihat

pleurer
....
menangis

caresser
....
mengelus

peigner
....
menyisir

parler
....
berbicara

comprendre
....
mengerti

demander
....
menanyak

écouter
....
mendengar

boire
....
minum

manger
....
makan

ranger
....
merapikan

aimer
....
cinta

cuire
....
memasak

conduire
....
menyetir

voler
....
terbang

faire de la voile

berlayar

calculer

menghitung

lire

membaca

apprendre

belajar

travailler

bekerja

se marier

menikah

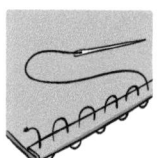

coudre

menjahit

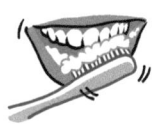

brosser les dents

. sikat gigi

tuer

membunuh

fumer

merokok

envoyer

kirim

activités - aktivitas

grand-mère
nenek

grand-père
kakek

père
bapak

mère
ibu

bébé
bayi

fille
putri

fils
putra

hôte

tamu

tante

bibi

oncle

paman

frère

kakak laki

sœur

kakak perempuan

corps

badan

front
dahi
œil
mata
épaule
bahu
doigt
jari
visage
muka
menton
dagu
main
tangan
jambe
kaki
poitrine
payudara
bras
lengan

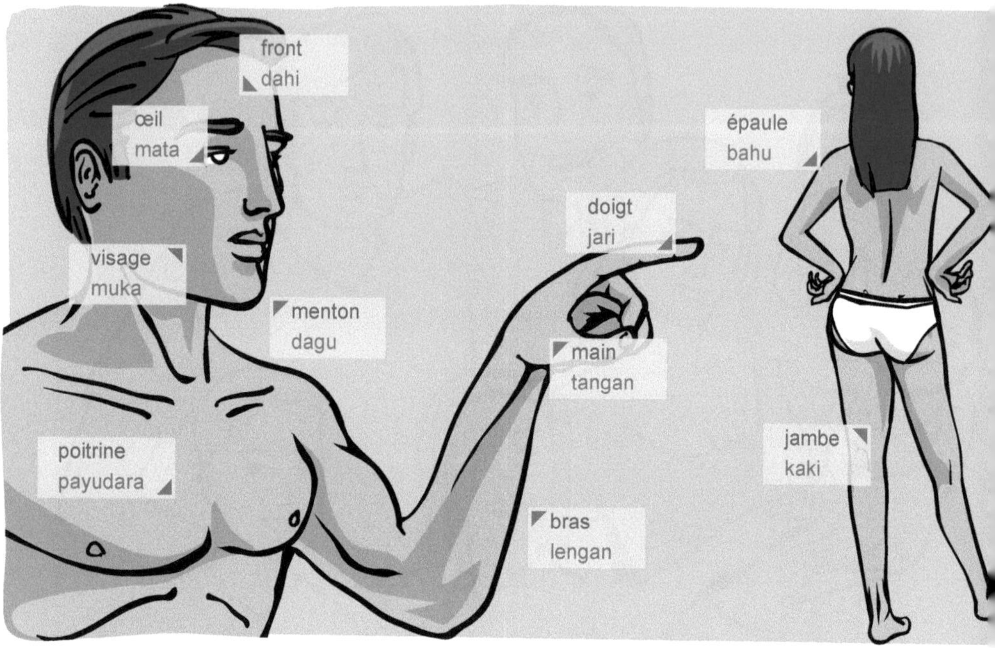

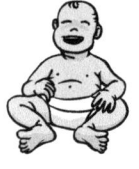

bébé

bayi

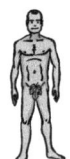

homme

pria

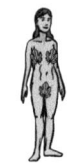

femme

wanita

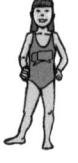

fille

perempuan

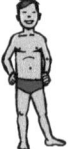

garçon

laki

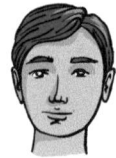

tête

kepala

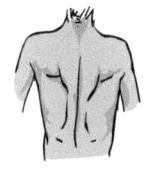

dos
punggung

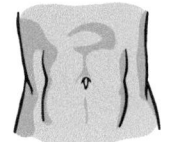

ventre
perut

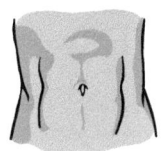

nombril
pusar

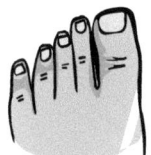

orteil
toe

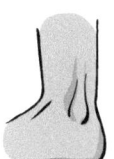

talon
tumit

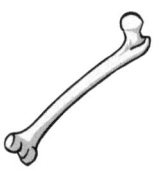

os
tulang

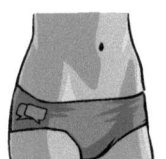

hanche
pinggang

genou
lutut

coude
siku

nez
hidung

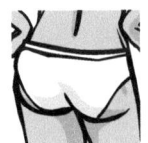

fesses
pantat

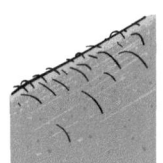

peau
kulit

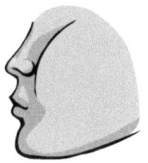

joue
pipi

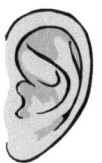

oreille
telinga

lèvre
bibir

corps - badan

bouche

mulut

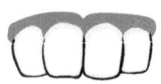

dent

gigi

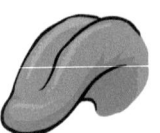

langue

lidah

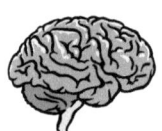

cerveau

otak

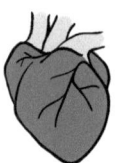

cœur

jantung

muscle

otot

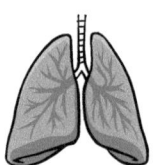

poumons

paru-paru

foie

hati

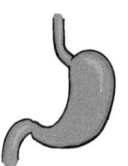

estomac

stomach

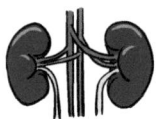

reins

ginjal

rapport sexuel

hubungan seks

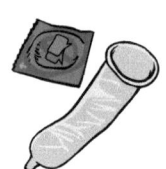

préservatif

kondom

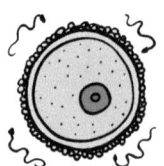

ovule

sel telur

sperme

sperma

grossesse

kehamilan

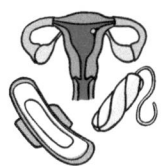

menstruation

menstruasi

vagin

vagina

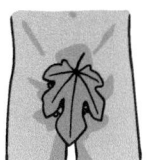

pénis

penis

sourcil

alis

cheveux

rambut

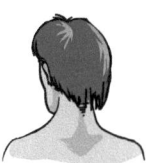

cou

leher

hôpital
rumah sakit

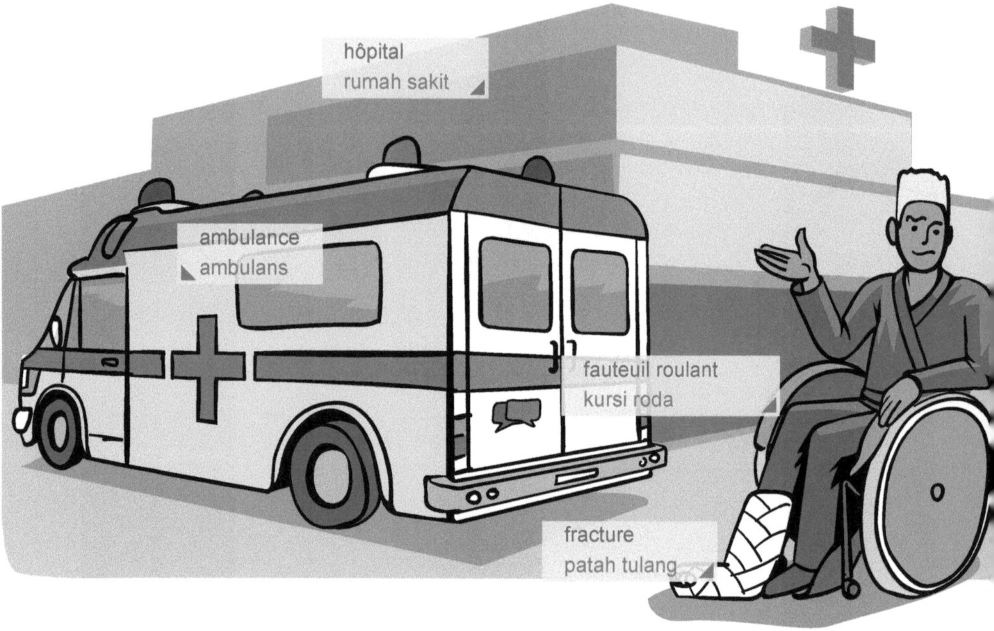

hôpital
rumah sakit
ambulance
ambulans
fauteuil roulant
kursi roda
fracture
patah tulang

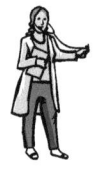

médecin

dokter

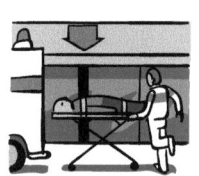

service des urgences

ruang darurat

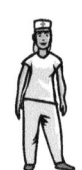

infirmière

perawat

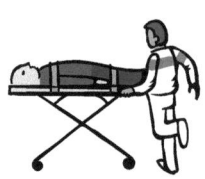

urgence

darurat

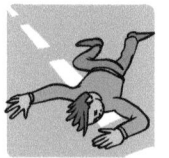

inconscient

semaput

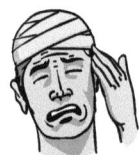

douleur

sakit

blessure

cedera

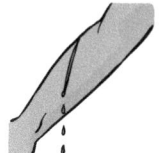

hémorragie

perdarahan

crise cardiaque

serangan jantung

attaque cérébrale

stroke

allergie

alergi

toux

batuk

fièvre

demam

grippe

flu

diarrhée

diare

mal de tête

sakit kepala

cancer

kanker

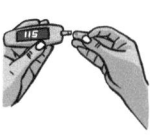

diabète

diabetes

chirurgien

ahli bedah

scalpel

pisau bedah

opération

operasi

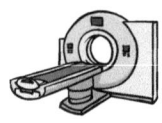

CT

CT

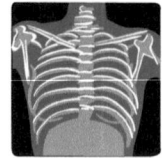

radiographie

sinar x

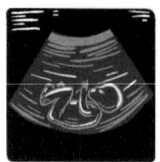

échographie

usg

masque

topeng

maladie

penyakit

salle d'attente

ruang tunggu

béquille

penyokong

pansement

plester

pansement

perban

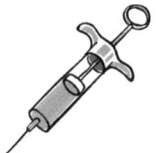

injection

injeksi

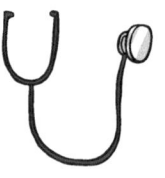

stéthoscope

stetoskop

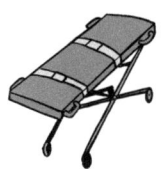

brancard

usungan

thermomètre

termometer klinis

accouchement

kelahiran

surcharge pondérale

kelebihan berat badan

appareil auditif

alat pendengar

désinfectant

desinfektan

infection

infeksi

virus

virus

VIH / sida

HIV / AIDS

médicament

obat

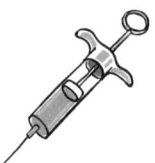

vaccination

vaksinasi

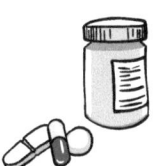

comprimés

tablet

pilule

pil

appel d'urgence

panggilan darurat

tensiomètre

ukur tekanan darah

malade / sain

sakit / sehat

Au secours !

Tolong!

assaut

penyerbuan

alarme

alarm

attaque

serangan

danger

bahaya

sortie de secours

pintu darurat

Au feu!

Api!

extincteur

alat pemadam kebakaran

accident

kecelakaan

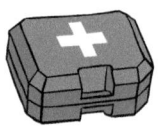

trousse de premier secours

kit pertolongan pertama

SOS

SOS

police

polisi

Europe

Eropa

Amérique du Nord

Amerika Utara

Amérique du Sud

Amerika Selatan

Afrique

Afrika

Asie

Asia

Australie

Australi

Océan atlantique

Atlantik

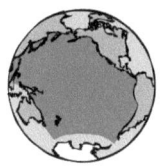

Océan pacifique

Pasifik

Océan indien

Samudra India

Océan antarctique

Samudra Antartika

Océan arctique

Samudra Arktik

pôle nord

kutub utara

pôle sud

kutub selatan

Antarctique

Antarktika

terre

bumi

pays

tanah

mer

laut

île

pulau

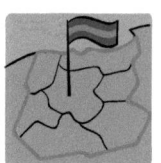

nation

bangsa

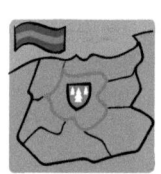

état

negara

cadran

jam wajah

aiguille des heures

jarum pendek

aiguille des minutes

jarum menit

aiguille des secondes

jarum detik

Quelle heure est-il ?

Jam berapa?

jour

hari

temps

waktu

maintenant

sekarang

montre digitale

jam digital

minute

menit

heure

jam

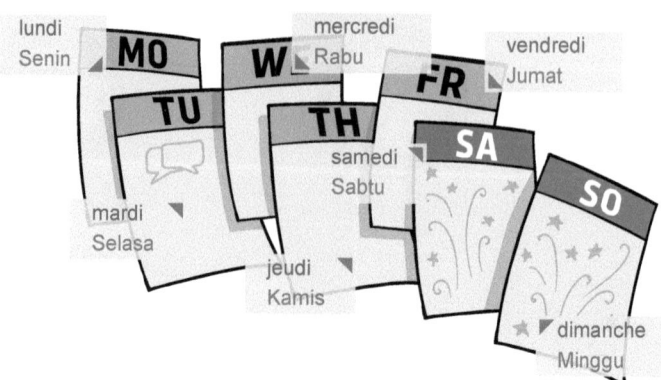

lundi
Senin
MO

mardi
Selasa
TU

W
mercredi
Rabu

TH
jeudi
Kamis

FR
vendredi
Jumat

SA
samedi
Sabtu

SO
dimanche
Minggu

hier
....
kemaren

aujourd'hui
....
hari ini

demain
....
besok

matin
....
pagi

midi
....
siang

soir
....
malam

MO	TU	WE	TH	FR	SA	SU
1	2	3	4	5	6	7
8	9	10	11	12	13	14
15	16	17	18	19	20	21
22	23	24	25	26	27	28
29	30	31	1	2	3	4

jours ouvrables
....
hari kerja

MO	TU	WE	TH	FR	SA	SU
1	2	3	4	5	6	7
8	9	10	11	12	13	14
15	16	17	18	19	20	21
22	23	24	25	26	27	28
29	30	31	1	2	3	4

week-end
....
akhir minggu

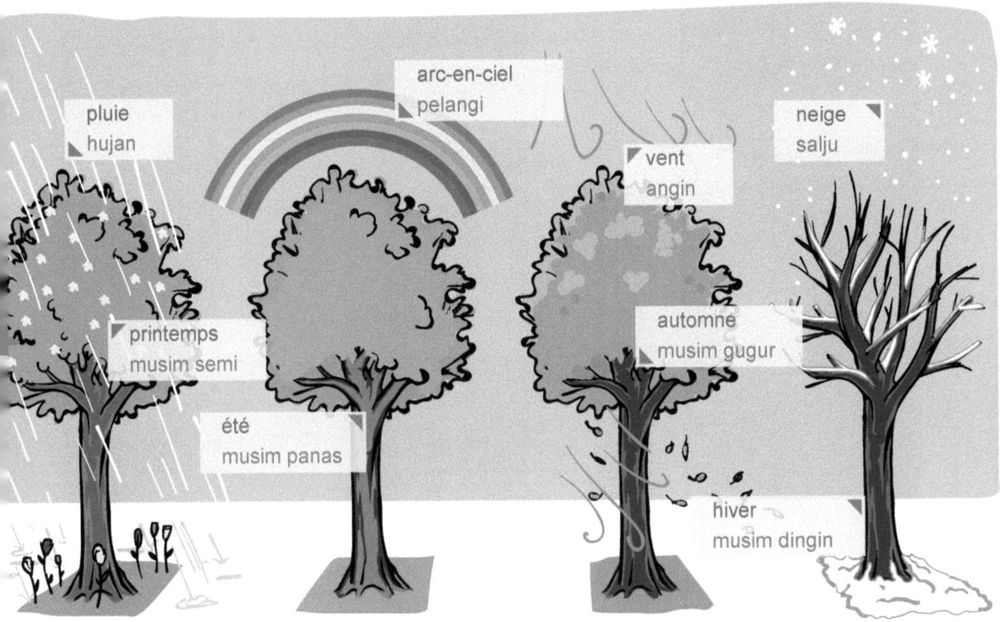

pluie
hujan

arc-en-ciel
pelangi

neige
salju

vent
angin

printemps
musim semi

automne
musim gugur

été
musim panas

hiver
musim dingin

4.APRIL	11°	
5.APRIL	4°	
6.APRIL	13°	
7.APRIL	8°	
8.APRIL	10°	

météo
ramalan cuaca

thermomètre
termometer

lumière du soleil
matahari

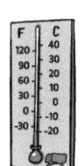

nuage
awan

brouillard
kabut

humidité
kelembahan

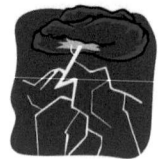

foudre
....
kilat

tonnerre
....
guntur

tempête
....
badai

grêle
....
hujan es

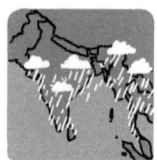

mousson
....
monsun

inondation
....
banjir

glace
....
es

janvier
....
Januari

février
....
Februari

mars
....
Maret

avril
....
April

mai
....
Mei

juin
....
Juni

juillet
....
Juli

août
....
Agustus

82

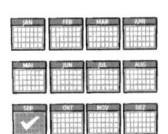

septembre

September

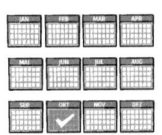

octobre

Oktober

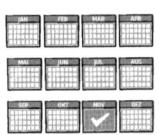

novembre

November

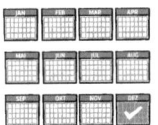

décembre

Desember

formes
bentuk

cercle

lingkaran

carré

persegi

rectangle

persegi panjang

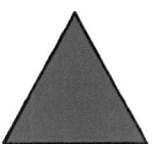

triangle

segi tiga

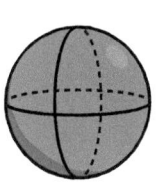

sphère

bola

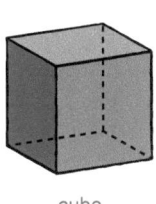

cube

kubus

couleurs

warna-warna

blanc

putih

jaune

kuning

orange

oranye

rose

pink

rouge

merah

violet

ungu

bleu

biru

vert

hijau

marron

coklat

gris

abu-abu

noir

hitam

beaucoup / peu

banyak / sedikit

fâché / calme

marah / tenang

joli / laid

cantik / jelek

début / fin

mulaih / selesai

grand / petit

besar / kecil

clair / obscure

terang / gelap

frère / soeur

udara laki-laki / saudara
perempuan

propre / sale

bersih / kotor

complet / incomplet

lengkap / tidak lengkap

jour / nuit

hari / malam

mort / vivant

mati / hidup

large / étroit

luas / sempit

comestible / incomestible

dapat dimakan / tidak dapat dimakan

méchant / gentil

jahat / baik

excité / ennuyé

bersemangat / bosan

gros / mince

gemuk / kurus

premier / dernier

pertama / terakhir

ami / ennemi

teman / musuh

plein / vide

penuh / kosong

dur / souple

keras / lembut

lourd / léger

berat / enteng

faim / soif

lapar / haus

malade / sain

sakit / sehat

illégal / légal

ilegal / legal

intelligent / stupide

cerdas / bodoh

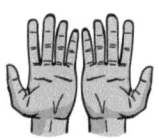

gauche / droite

kiri / kanan

proche / loin

dekat / jauh

nouveau / usé

baru / bekas

rien / quelque chose

tidak ada apapun / sesuatu

vieux / jeune

tua / muda

marche / arrêt

nyala / mati

ouvert / fermé

buka / tutup

faible / fort

tenang / keras

riche / pauvre

kaya / miskin

correct / incorrect

benar / salah

rugueux / lisse

kasar / halus

triste / heureux

sedih / gembira

court / long

pendek / panjang

lent / rapide

pelan-pelan / cepat

mouillé / sec

basah / kering

chaud / froid

hangat / sejuk

guerre / paix

perang / damai

0

zéro

nol

1

un / une

satu

2

deux

dua

3

trois

tiga

4

quatre

empat

5

cinq

lima

6

six

enam

7

sept

tujuh

8

huit

delapan

9

neuf

sembilan

10

dix

sepuluh

11

onze

sebelas

12

douze
duabelas

13

treize
tigabelas

14

quatorze
empatbelas

15

quinze
limabelas

16

seize
enambelas

17

dix-sept
tujuhbelas

18

dix-huit
delapanbelas

19

dix-neuf
sembilanbelas

20

vingt
duapuluh

100

cent
seratus

1.000

mille
seribu

1.000.000

million
juta

anglais

Inggris

anglais américain

bahasa Inggris Amerika

chinois mandarin

bahasa Cina Mandarin

hindi

bahasa Hindi

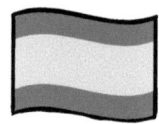

espagnol

bahasa Spanyol

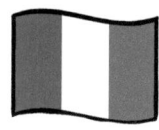

français

bahasa Perancis

arabe

bahasa Arab

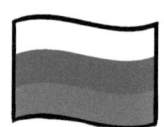

russe

bahasa Rusia

portugais

bahasa Portugis

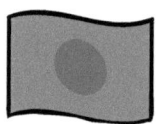

bengali

bahasa Bengal

allemand

bahasa Jerman

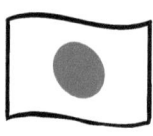

japonais

bahasa Jepang

je

saya

tu

kamu

♂ ♀ ○

il / elle / ce, c', cela

dia

nous

kita

vous

kalian

ils / elles

mereka

Qui ?

siapa?

Quoi ?

apa?

Comment ?

begaimana?

Où ?

dimana?

Quand ?

kapan?

nom

nama

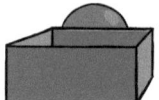

derrière

dibelakang

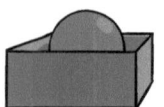

dans

di

devant

didepan

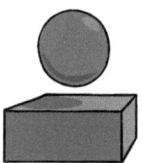

au-dessus

diatas

sur

diatas

en-dessous

dibawah

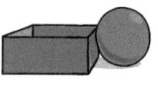

à côté de

sebelah

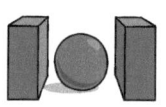

entre

di antara

lieu

tempat